BEI GRIN MACHT SICH IHR WISSEN BEZAHLT

Strategisches Management und Unternehmensethik. Problemanalyse und Implementierung eines Strategiewechsels

Alina Garbe

Bibliografische Information der Deutschen Nationalbibliothek:

Die Deutsche Nationalbibliothek verzeichnet diese Publikation in der Deutschen Nationalbibliografie; detaillierte bibliografische Daten sind im Internet über http://dnb.d-nb.de abrufbar.

ISBN: 9783346437310
Dieses Buch ist auch als E-Book erhältlich.

© GRIN Publishing GmbH
Nymphenburger Straße 86
80636 München

Druck und Bindung: Books on Demand GmbH, Norderstedt Germany
Gedruckt auf säurefreiem Papier aus verantwortungsvollen Quellen

Das vorliegende Werk wurde sorgfältig erarbeitet. Dennoch übernehmen Autoren und Verlag für die Richtigkeit von Angaben, Hinweisen, Links und Ratschlägen sowie eventuelle Druckfehler keine Haftung.

Das Buch bei GRIN: https://www.grin.com/document/1027216

Deutsche Hochschule für
Prävention und Gesundheitsmanagement

Einsendeaufgabe

Fachmodul:	Strategisches Management II
Studiengang:	MBA Sport- und Gesundheitsmanagement
Präsenzphase:	22.06. – 25.06.2020
Name, Vorname:	Garbe, Alina
Studienort:	**Stuttgart**
Semester:	**WS19**

Inhaltsverzeichnis

1 Bodo Müllers Plan

1.1 Gründe für den Wandel

Ein grundlegender Punkt für den Wandel in der Gesundheits- und Medizintechnik AG ist die immer größer von Bedeutung werdende Ökonomie. Dadurch werden auch Arzt- und Physiotherapiepraxen, sowie Krankenhäuser sehr stark beeinflusst. Um sich am Markt langfristig halten zu können müssen Gewinne erzielt werden, wobei die Ökonomie in sämtlichen Aspekten eine wichtige Rolle spielt. Es handelt sich hierbei um eine externe Ursache (Schulte-Zurhausen, 2010, S. 339), da sich durch den ökonomischen Wandel die Kundenanforderungen sowie -erwartungen verändert haben.

Der Wandel lässt sich im Kern auf drei spezielle Ursachen zurückführen:

1). Ein Aspekt für den strukturellen Wandel ist der veränderte Ablauf bei der Beschaffung neuer Geräte für ein Krankenhaus. In der Vergangenheit lag die Kaufentscheidung der medizinischen Geräte bei dem Krankenhausarzt, welcher eine Rücksprache mit der Krankenhausverwaltung hielt. Mit dem ökonomischen Wandel übernimmt diese Aufgabe zunehmenden die Einkaufsabteilung eines Krankenhauses. Dabei ist der der ökonomische Aspekt von größerer Bedeutung im Vergleich zu dem medizinischen Aspekt.

2). Zusätzlich zu dem ökonomischen Faktor spielt auch eine politische Entscheidung eine wichtige Rolle. Aufgrund der Begrenzung der finanziellen Zuschüsse für medizinische Geräte ist auch das Ausgabenniveau eingeschränkt.

3). Dritte Ursache ist der demographische Wandel. Da die Bevölkerung im Schnitt immer älter und parallel die wirtschaftliche Gesamtsituation eher schlechter wird (bemessen am Bruttoinlandsprodukt (BIP)), ist es ein umstrittenes Thema das Budget das Krankenhäuser zur Verfügung haben zu erhöhen. Im Gegenzug dazu sollen Krankenhäuser oder ähnliche Einrichtungen vermehrt in die Instandhaltung und Wartung der bestehenden medizinischen Geräte investieren, anstatt neue zu Beschaffen.

1.2 Aspekte des Strategiewandels

In der Gesundheits- und Medizintechnik AG ist ein Strategiewandel aufgrund einer neuen bzw. vertieften Kundenorientierung notwendig.

Aufgrund dessen sind Anpassungsmaßnahmen in der Veränderung der Marketingausrichtung bzw. der Marketingadressaten zu erkennen. Zusätzlich sollen die separaten Marketingprozesse im Unternehmen vereint werden. Der Marketinginhalt soll speziell auf die verbesserte Effizienz des Krankenhauses angepasst werden.

In Bezug auf das Change Management ist sowohl die Organisationsentwicklung, als auch die Gestaltung der kontinuierlichen Änderungsbereitschaft und Transformationsfähigkeit von großer Bedeutung, um von einem Ist-Zustand zu einem Soll-Zustand zu gelangen (Vahs & Weiand, 2010, S. 7). Bodo Müllers Vorgehensweise startete bei der Ermittlung der betrieblichen Kennziffern und deren anschließende Visualisierung (Ist-Zustand des Unternehmens). Der Ist-Zustand zeigt auf wo die Schwächen, aber auch Stärken des Unternehmens liegen. Zusätzlich werden aber auch Chancen aufgedeckt, die Raum für neues bieten und den Wandel und seine Akzeptanz unterstützen.

Um den Strukturwandel in der Gesundheits- und Medizintechnik AG einzuleiten plante Bodo Müller ein Projekt, das geschäftsübergreifend ist. Dadurch sollten die neuen Marketingprozesse den Mitarbeitern nähergebracht werden und gleichzeitig für mehr Akzeptanz in Bezug auf diese entstehen.

Herr Müller führte eine Arbeitsgruppe im Unternehmen ein, welche eine komplett neue Ebene war. Ziel war es dadurch alle voneinander unabhängigen Marketing- und Verkaufskonzepte in einem C-Level Konzept zusammenzufassen und zu vereinen.

1.3 Barrieren und Widerstände

1.3.1 Barrieren

Baum, Coenenberg und Guenther (2007, S. 362) sagen, in Anlehnung an mehrere Studien u. a. von Kaplan, Norton und Horváth (2001), dass es vier verschiedene Kategorien gibt, die die Arten der Barrieren unterscheiden. Die Visions-Barriere, die menschliche Barriere, die Ressourcen-Barriere und die Management-Barriere. Die fehlenden Ressourcen können sowohl materielle, als auch immaterielle Barrieren sein. In Bodo Müllers Fall stehen vor allem die finanziellen Ressourcen, sowie die organisatorischen Ressourcen im Vordergrund.

Wird Bodo Müllers Vorhaben betrachtet spielt die finanzielle Ressource des Marketing-budgets eine wichtige Rolle und kann zur Barriere werden. Denn der Wandel und die Strategie müssen parallel vonstatten laufen. Daraus resultieren höhere Kosten bzw. ein höheres Marketingbudget, das benötigt wird. Wenn dieses nicht im nötigen Rahmen ge-stellt werden kann kommt es zu einer Behinderung bzw. einer Barriere bei der Eingliede-rung.

Neben der finanziellen Ressource ist auch die organisatorische Ressource in Bezug auf das Informationssystem von Bedeutung. Alle sieben VP-Marketing Abteilungsleiter ar-beiten mit ihrem Team unabhängig voneinander an unterschiedlichen technischen Pro-dukten. Durch Bodo Müllers Strategie sollen diese Bereiche nun miteinander gekoppelt werden. Dadurch müssen neue Marketinginformationen in das neue Konzept mit einflie-ßen und zur Bearbeitung an die entsprechend zuständige Stelle weitergeleitet werden. Wenn dieser Aspekt nicht vollständig durchdacht und organisiert ist entstehen Fehler und Missverständnisse wodurch wiederum Barrieren und Probleme entstehen.

1.3.2 Widerstände

Im Changemanagement sind neben den zuvor dargestellten harten Faktoren, vor allem die weichen Faktoren von großer Bedeutung (Picot, Dietl, & Franck, 2012, S. 548).

Der menschliche Aspekt hat primären Einfluss auf den Erfolg eines Wandels. Im Fall Bodo Müller soll das Eigeninteresse des Mitarbeiters hervorgehoben werden. Die VPs mit jeweils ihren Teams waren separat für sich zuständig, was sich mit der neuen C-Le-velmarketing-Struktur ändern wird. Durch die neue C-Levelmarketing-Struktur müssen sie neue Positionen und Aufgaben übernehmen, was den eigenen Vorstellungen der Mit-arbeiter entgegensteht. Die dadurch entstehende Unzufriedenheit kann zu internen Unru-hen führen und das Team demotivieren. Aufgrund dessen können die Lösungsfindung und das Arbeitspensum ungewollt verlangsamt werden, was dem Unternehmen zusätzlich schaden würde.

Zusätzlich kann durch fehlendes Verständnis und nicht vorhandenem Vertrauen für die neue Strategie Unsicherheit und Unruhe im Mitarbeiter ausgelöst werden, wodurch der Wandel ggf. sogar zum Misserfolg führen kann. Die dadurch entstandene Angst kann fehlende Arbeitsmoral, zu einer Erkrankung und/oder zu psychischen Belastungen füh-ren, wodurch Mitarbeiter im Unternehmen ausfallen könnten. Daraus entstehen die De-stabilisierung des Teams und der Kompensationsaufwand, sowie zusätzliche Kosten.

Auch laut Doppler und Lauterburg (2014, S. 357) lassen sich Symptome und Arten von Widerständen differenzieren, welche alle als Folge von Bodo Müllers Vorhaben entstehen können.

Tab. 1: Symptome für Widerstand (Doppler & Lauterburg, 2014, S. 357)

	Verbal (Reden)	Nonverbal (Verhalten)
	Widerspruch	**Aufregung**
Aktiv (Angriff)	Gegenargumentation	Streit
	Vorwürfe	Intrigen
	Drohungen	Gerüchte
	Polemik	Cliquenbildung
	Sturer Formalismus	Unruhe
	Ausweichen	**Lustlosigkeit**
Passiv (Flucht)	Schweigen	Unaufmerksamkeit
	Bagatellisieren	Fernbleiben
	Blödeln	Innere Emigration
	Ins Lächerliche ziehen	Krankheit
	Unwichtiges debattieren	Müdigkeit

2 Change Management

2.1 Gründe für das Scheitern

Um das Scheitern von Bodo Müller genauer analysieren zu können und konkrete Gründe herauszuarbeiten eignet sich vor allem das 8-Stufen-Modell von Kotter. Das 8-Stufen-Modell zeigt auf, wie man einen Wandel erfolgreich meistert, aber auch wo die Gründe für das Scheitern liegen können (Reisinger, Gattringer, & Strehl, 2013, S. 190). Laut Kotter (2015, S. 15ff.) können durch bewusstes und kompetentes Handeln nach den acht Stufen Fehler verhindert oder deutlich eingeschränkt werden.

Wird Bodo Müllers Vorgehen mit dem 8-Stufen-Modell verglichen fällt auf, dass Herr Müller bereits in den ersten Stufen deutliche Fehler begannen hat, welche um Scheitern führten.

In der Ersten Stufe wurde zwar die Dringlichkeit des Wandels erklärt, jedoch wurde den Mitarbeitern nicht aufgezeigt, was dies für die Zukunft bedeutet. In dieser Phase ist es wichtig den Mitarbeitern die Chancen bewusst zu machen. Es müssen klare strategische Chancen formuliert werden, wodurch sich die eindeutige Struktur ergibt (Kotter, 2015, S. 89).

In Stufe 2 wurde erneut ein Fehler begangen, der zum Scheitern beitrug. Bodo Müller hat die Potenziale der einzelnen Abteilungen und den zugehörigen VPs nicht genutzt. Es gab keine klare Teambildung einer lenkenden Koalition in der die Positionen und Aufgabenbereiche klar aufgeteilt und zugeordnet wurden. Wichtig wäre es gewesen den Mitarbeiter das Team selbst zusammenstellen zu lassen, sodass dieses gleichzeitig genügen Kompetenz und Macht besitzt den Wandel zu fördern. Ohne klare Zuordnung und Aufteilung der Aufgaben und Positionen besteht bei den Mitarbeitern kein Verantwortungsbewusstsein, sodass sich niemand für die neue Strategie einsetzt und sich auch nicht mit dieser identifizieren kann. Ein wichtiger Aspekt diesbezüglich ist auch, dass zuvor keine derartig große Veränderung stattgefunden hat und die sieben Teams lange alleinstehend aufgestellt waren und für sich gearbeitet haben. Dadurch sind eine klare Teambildung und Zugehörigkeit umso wichtiger (Kotter, 2015, S. 89).

In Stufe 3 sind die klare Zielformulierung und die Vision von großer Bedeutung. Auch diese Stufe trug durch ihre fehlende Umsetzung zum Scheitern bei. Das Unternehmen hat zwar eine Vision, jedoch keine speziell ausgerichtete Vision auf die Veränderung, die vorgenommen werden soll. Zusätzlich muss ein klares Ziel formuliert werden, dass mindestens Inhalt, Ausmaß und Zeit beinhalten sollte. Durch eine klare Vision und eine klare Zielsetzung entsteht ein Leitbild, dass Orientierung und Information gibt (Kotter, 2015, S. 89-90).

Dadurch das die vorherigen Stufen nicht oder nicht vollständig umgesetzt wurden, führte auch die vierte Stufe letztendlich zum Scheitern des Strategiewandels. Durch fehlende Vision, fehlende Teambildung der Koalition und fehlende Zielsetzung kann auch die vierte Stufe nicht umgesetzt werden. Wenn keine klare Vision vorhanden ist, kann diese auch nicht vorgelebt werden. Dadurch entstehen immer mehr Skepsis und Unsicherheit bei den Mitarbeitern (Kotter, 2015, S. 90). Dies wird letztendlich bei der Kick-Off Veranstaltung ersichtlich, da die Stimmung getrübt ist und auch nur ein Bruchteil der Mitarbeiter erschien.

Die folgenden Stufen beziehen sich auf den anschließenden Teil, wenn die ersten vier Stufen erfolgreich verlaufen wären. Da bereits in der vierten Stufe die Strategieimplementierung scheiterte sind diese Stufen in Bodo Müllers Vorhaben nicht umsetzbar gewesen.

2.2 Veränderungen meistern

Stufe 1	•Gefühl der Dringlichkeit wecken •Chancen des neuen C-Level-Marketings aufzeigen
Stufe 2	•Starkes Leistungsteam zusammenstellen •Freiwillige Führungspersonen der Koalition ernennen
Stufe 3	•Klare Zielvorstellung und Strategie entwickeln •Eindeutige und aussagekräftige Vision bennenen & klares Ziel formulieren
Stufe 4	•Vision kommunizieren •Vorbildfunktion, Vision vorleben und unterstützen
Stufe 5	•Mitarbeiter befähigen und Handlungsfreiräume schaffen •Eigenständiges und fortschreitendes Arbeiten ermöglichen
Stufe 6	•Für kurzfristige Erfolge sorgen •Teilschritte bzw. Teilziele bennenen
Stufe 7	•Weitere Veränderungen einleiten •den Veränderungsprozess stetig beibehalten um nach vorn zu gehen
Stufe 8	•Neue Kulturen und Verhaltensstrukturen schaffen •neue Kulturen und Strukturen integrieren und festigen

Abb. 1: Angepasstes 8-Stufen Modell (nach Kotter, 2015)

Im Folgenden soll auf die einzelnen Stufen detaillierter eingegangen werden.

Stufe 1: Um die Akzeptanz und das Verständnis für die neue Marketingstrategie zu erreichen, wäre es sinnvoll gewesen die daraus resultierenden Chancen der Gesundheits- und Medizintechnik AG herauszuarbeiten und hervorzuheben. Zusätzlich würde dadurch eine höhere Motivation erreicht werden, wodurch mehr Arbeitseinsatz und Initiative jedes einzelnen VPs und dessen Mitarbeitern entsteht.

Stufe 2: In der zweiten Phase hätte Bodo Müller ein Team aus freiwilligen gründen müssen. Dieser Punkt der freiwilligen Beteiligung spielt hier eine große Rolle, denn Mitarbeiter, die aus eigener Überzeugung handeln und arbeiten, sind die Grundlage für eine neue erfolgreiche Strategie. Zudem sollten die Teammitglieder unterschiedliche Kompetenzen besitzen, um unterschiedlichste Bereiche abdecken zu können.

9

Vor allem die Führungskompetenz und Fachkompetenz sind entscheidend bei der Teamauswahl. Das Team sollte hierarchiefrei aufgestellt werden. Dadurch wird eine schnelle und verlustfreie Informations- und Reaktionsgeschwindigkeit gewährt.

Stufe 3: Hier sollten vor allem eine klare Vision und Zielsetzung im Vordergrund stehen. Eine klare Vision zeigt den Mitarbeitern den Weg und bildet einen Leitfaden nach dem gearbeitet werden kann. Zusätzlich ist die Vision von großer Bedeutung, wenn es darum geht die Akzeptanz bei den Mitarbeitern zu erreichen. Denn erst wenn der Zweck und der Sinn hinter der Veränderung aufgezeigt wird und zusätzlich eine klare Vision vorhanden ist, verstehen die Mitarbeiter wofür sie arbeiten und was ihr Ziel ist. Bei der Gesundheits- und Medizintechnik AG ist bereits eine strake Vision vorhanden. Diese ist jedoch allgemein auf das Unternehmen ausgerichtet. Eine zusätzliche Vision für die Strategieimplementierung könnte Beispielsweise auf die Kundenorientierung, Kundenbindung und auch Kundenzufriedenheit abzielen. Eine weitere Überlegung könnte es zudem sein, die Mitarbeiter bzw. die VPs in die Visionsbildung miteinzubeziehen, um so zusätzlich die Akzeptanz zu stärken.

Stufe 4: Eine vorbildliche und authentische Kommunikation der Vision hätte bei den Mitarbeitern für mehr Glaubwürdigkeit und Identifikation geführt. Dadurch hätten Skepsis und Unsicherheit vermieden werden können. Durch das vorbildliche Auftreten kann eine positive Multiplikation entstehen, wodurch immer mehr Mitarbeiter von der neuen Marketingstrategie überzeugt werden können. Durch die Überzeugung der Mitarbeiter würde wiederum das Projekt an sich gewinnen, denn überzeugte Mitarbeiter bringen sich mehr ein, haben mehr Ideen und arbeiten dynamischer miteinander. Wenn die VPs in die Visionsbildung miteinbezogen geworden wären, hätte man zusätzlich davon ausgehen können, dass diese die Vision an die anderen Mitarbeiter weitertragen. Dadurch hätten Widerstände und Barrieren frühzeitig verhindert oder minimiert werden können.

Stufe 5: Unter Anderem wäre der Schritt zwei Grundvoraussetzung gewesen um im fünften Schritt klare Handlungsräume dem Team zuweisen zu können. In diesem Kontext ist vor allem das Gewähren von spezifischen Ressourcen wichtig, um Probleme bewältigen zu können. Bodo Müller hätte zum Beispiel die Möglichkeit gehabt eine Schulungsgruppe aufzustellen, die den Mitarbeitern schnell und effektiv das benötigte Wissen, sowie die nötigen Methoden vermittelt.

Stufe 6: Bodo Müller hätte die Implementierung der neuen Marketingstrategie in Teilschritte bzw. Teilziele unterteilen sollen. Die Teilziele sind ein zusätzliches Controlling Element, um auf positive aber auch auf negative Veränderungen schnell reagieren zu können. Sie sind ein wichtiger Bestandteil um den Erfolg zu sichern. Dadurch wird ermöglicht die getroffenen Entscheidungen zu bewerten und Ziele neu auszurichten. Zusätzlich dient eine Erreichung der Teilziele zur Motivation der Mitarbeiter, da ein positiver Fortschritt erkennbar gemacht wird. Dies hätte Herr Müller zusätzlich mit seinem Team feiern können, wenn es so weit gekommen wäre.

Stufe 7: Die siebte Stufe basiert auf der sechsten Stufe. Denn wie in Stufe 6 erwähnt, dienen die Teilziele dazu, den gesamten Implementierungsprozess zu kontrollieren und Anpassungen vornehmen zu können. Auf die Erreichung der Ziele darf sich jedoch nicht ausgeruht werden, denn der Wandel ist ein ständiger Prozess, weshalb es immer wieder neue Teilziele, Kontrollen und Anpassungen bedarf um Wettbewerbsfähig zu bleiben. Die Zielerreichungen und Anpassungen hätten von Bodo Müllers Seite aus klar dem Team gegenüber kommuniziert werden müssen. Zusätzlich wäre eine Abteilung zur technischen und gesundheitlichen Entwicklung auf dem Markt sinnvoll. Denn die Gesundheits- und Medizintechnik AG kann sich nur am Markt beweisen und der eigenen Vision näherkommen, wenn sie neue medizinische Geräte vot ihrer Konkurrenz entwickeln.

Stufe 8: Der achte und letzte Schritt dient letztendlich der Umsetzung und Integration in den alltäglichen Geschäftsablauf. Dazu muss das neu erarbeitete Marketingkonzept fest in der Gesundheits- und Medizintechnik AG übernommen werden. Aus der Vision bildet sich zuletzt die Mission und die Werte des Unternehmens, wodurch eine eigene neue Unternehmenskultur entsteht, mit der sich die Mitarbeiter identifizieren sollten.

3 Strategieimplementierung

3.1 Durchsetzung

Tab. 2: Einführung eines neuen Marketingprozesses (Durchsetzung)

Einführung eines neuen Marketingprozesses (Verhaltensbezogene Aufgaben)	
Vermittlung	• Rundschreiben, dass über den bevorstehenden Marketing-Wandel informiert (inkl. Vorankündigung eines Meetings mit den VPs diesbezüglich) • Meeting mit allen VPs, um Chancen des Wandels aufzuzeigen und um sie bereits zu Beginn in den Wandel zu integrieren (ggf. Ideensammlung) • Kick-Off Veranstaltung, um Vorhaben vorzustellen und Leitfaden weiterzugeben (Ausgearbeitete Ideen & Entscheidungen aus dem Meeting mit den VPs)
Einweisung	• Mitarbeiterschulung mit den VPs bzw. dem Team bezüglich der neuen Positionen und Aufgaben; Schulung bezüglich der neuen technischen medizinischen Geräte • Verkaufsschulungen bezüglich des neuen Marketingkonzeptes (ggf. durch externe Berater) • Hospitation in den einzelnen Abteilungen, vor allem bei denen die an der neuen Marketingstrategie-Entwicklung beteiligt sind
Strategiebezo-gener Konsens	• Gemeinsames erarbeiten und formulieren der Ziele und Teilziele, um das Team im Prozess aktiv zu beteiligen (stärkt die Identifikation mit dem Projekt) • Herausarbeitung der an dem Prozess beteiligten Bereiche, Abteilungen und Personen (Zuständigkeit klar zuweisen) • Kommunikationsförderung innerhalb der am Projekt beteiligten Bereiche und auch gegenüber den anderen Bereichen

3.2 Umsetzung

Tab. 3: Einführung eines neuen Marketingprozesses (Umsetzung)

Einführung eines neuen Marketingprozesses (Sachbezogene Aufgaben)	
Transformation	• Steigerung des bisherigen Marketingbudgets um 5% ab der Einführung des neuen Marketingkonzeptes (bietet neue Möglichkeiten) • Mitarbeiterschulungsrate von mindestens 85% innerhalb von den ersten 6 Monaten erreichen, um das entsprechend benötigte Wissen zu garantieren • Lückenlose Implementierung des neuen Marketingkonzeptes in alle Marketingbereiche der Gesundheits- und Medizintechnik AG nach spätestens 12 Monaten
Unternehmenspotenziale	• Entwicklung und Einführung einer neuen Software für Kundenberater/für den Vertrieb, in dem die Präsentationsform überarbeitet ist und eine direkte Verbindung zur Beschaffungsabteilung herrscht (dadurch werden Abläufe vereinfacht und beschleunigt) • Entwicklung und Einführung einer neuen Vision in Verbindung mit neuen Missionen und Werten, die an das neue Marketingkonzept angepasst ist (neues Leitbild schaffen) • Überarbeitung der Arbeitsmöglichkeiten – z.B. durch Home-Office (vor allem für die Vertriebsabteilung sinnvoll) • Markterweiterung, um dadurch ein Alleinstellungsmerkmal zu schaffen und den Kunden mehr anbieten zu können (dadurch bieten sich zusätzliche Gewinn-Möglichkeiten)
Motivation	• Regelmäßige Meetings und Tagungen, die über den aktuellen Stand der Entwicklung informieren (ggf. neue Ideen von Mitarbeitern sammeln – die besten Ideen können in dem Meeting dem Team präsentiert werden); Prämien für neue innovative Ideen einführen • Integration eines Strategieteams – dadurch kann die aktuelle Entwicklung beobachtet und kontrolliert werden (monatliche oder vierteljährliche Tagungen); neue Messinstrumente integrieren die Fortschritte aufzeigen • Einführung von Gleitzeit oder ggf. komplett freien Arbeitszeiten • Schaffung von Freizeitaktivitäten, um Teamgeist zu stärken und Ausgleich zum Arbeitsalltag zu schaffen (z.B. Firmeninternes Fitnessstudio oder vierteljährliche Meisterschaften in Badminton, Volleyball oder Fußball) – dadurch wird zusätzlich die Gesundheit der Mitarbeiter gefördert

4 Balanced Scorecard

4.1 Ursache-Wirkungskette

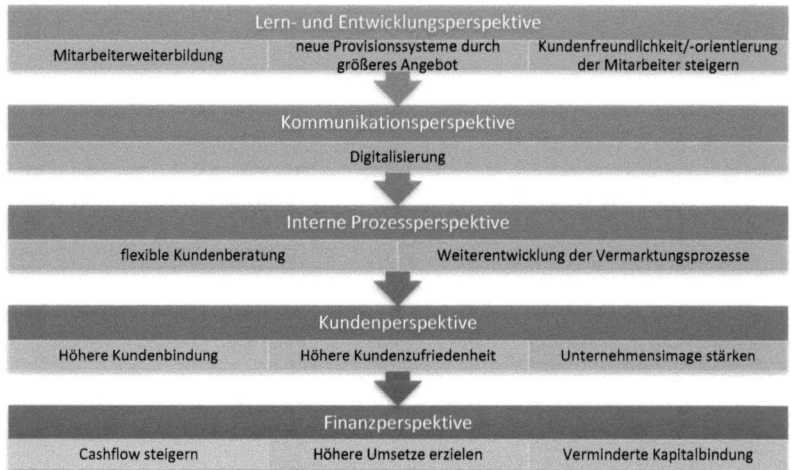

Abb. 2: Ursachen-Wirkungskette auf der Grundlage von Bodo Müllers Strategie

4.2 Festlegung Ziele, Kennzahlen, Vorgaben und Maßnahmen

Tab. 4: Strategieoperationalisierung in der Balancescorecard (nach Dillerup & Stoi, 2013)

	Strategische Ziele	Kennzahlen	Zielwerte & Zeit	Maßnahme
Lernen & Entwickeln (Mitarbeiter)	Die Gesundheits- und Medizintechnik AG hat die kompetentesten Mitarbeiter	Anzahl der Schulungen - gemessen an Tage und Mitarbeiter pro Jahr	12 Schulungstage pro Jahr und pro Mitarbeiter	Regelmäßige Schulungsangebote mit Kostenübernahme
Kommunikation	Das Kommunikationssystem der Gesundheits- und Medizintechnik AG ist ausgezeichnet	Nutzungsintensität des Intranets und Anzahl der Fehlkommunikationen	Nutzung des Intranets zu mind. 85% & Senkung der Fehlkommunikationen auf 0 innerhalb von 4 Monaten	Einführung eines eigenen Intranets & Schulungen der Mitarbeiter; anschließend anonyme Befragung der Mitarbeiter

	Strategische Ziele	Kennzahlen	Zielwerte & Zeit	Maßnahme
Prozesse	Zertifizierung der Qualitätsstandards nach ISO	Zertifikationssta-tus	Erreichung von 100% innerhalb von 9 Monaten nach Einführung	Erstellen einer QM-Abteilung & Ernennung eines GM-Managers mit der Kernkompe-tenz der QM-Im-plementierung
Kunden	Die Gesundheits- und Medizintechnik AG hat die beste Kundenorientierung und -zufriedenheit	Kundenzufrieden-heit; Kundenbin-dung; Weiteremp-fehlungsrate	Steigerung der Kundenzufrieden-heit auf 90% inner-halb eines halben Jahres & Erhalt der Kunden über mindestens 10 Jahre (Wieder-kaufsrate von mind. 90&)	Individuelle kun-denspezifische Angebote; Custo-mer Care Abtei-lung aufstellen; Umfragen; Net Promoter Score; Anzahl der Be-schwerden, Wie-derkaufsrate;
Finanzen	Verringerung der Kapitalbindung	Kapitalbindung	Verringerung der Kapitalbindung von mind. 5% pro Jahr	Zahlungsfristen verkürzen & paral-lel Angebot von Skonti

5 Unternehmensethik

5.1 Praxisbeispiel

Der Automobilhersteller Volkswagen (VW) machte 2015 negative Schlagzeilen mit der Manipulation der Abgaswerte seiner Diesel-Fahrzeugen in den USA. Volkswagen hat dazu eine spezielle Software eingesetzt, um die Messung des Schadstoffausstoßes zu ma-nipulieren. Dadurch kann das Abgas-Kontrollsystem nur bei offiziellen Emissionstest ak-tiviert werden, wodurch bessere Messwerte als im Alltag erreicht werden. VW gab an-schließend die Abgas-Manipulationen zu (Handelsblatt, 2015). „Am 25. Mai 2020 verur-teilte der Bundesgerichtshof VW erstmals in letzter Instanz wegen vorsätzlicher und sit-tenwidriger Schädigung" (Stoll & Sauer, 2020). Darauf folgten mindestens ein Dutzend weiterer Urteile gegen VW und auch Heute sind noch weitere Modelle umstritten. Der VW-Motor EA 288 steht im Fokus der Gerichte, denn die temperaturabhängige Abgas-regulierung wurde vom europäischen Gerichtshof als unzulässig bezeichnet.

„Dr. Stoll & Sauer hat eines der ersten Urteile zum EA 288 erstritten und stellt in einer Serie die betroffenen Modelle und Entwicklungen im neuen Diesel-Abgasskandal vor (...)" (Stoll & Sauer, 2020). Es sind sämtliche Audi-Modelle, VW-Modelle, Seat-Modelle und Skoda-Modelle vom Skandal betroffen gewesen oder immer noch betroffen (Stoll & Sauer, 2020).

5.2 Unternehmenswerte

Das Unternehmen Volkswagen stellt für sich ein Wertefundament aus sieben verschiedenen Werten auf:

1. Verantwortung: „Wir sind Teil der Gesellschaft. Wir übernehmen soziale Verantwortung. Wir achten auf die Umweltverträglichkeit unserer Produkte und Prozesse und verbessern sie. Jeden Tag. (Volkswagen AG, 2020)"

2. Aufrichtigkeit: „Wir tun das Richtige aus innerer Überzeugung. Auch wenn keiner hinsieht. Wir haben keine Angst vor Hierarchien und sagen offen unsere Meinung. Wir hören einander zu und finden gemeinsam die beste Lösung. (Volkswagen AG, 2020)"

3. Mut: „Wir sind mutig. Innovativ. Erfinder. Macher. Wir lassen los und denken neu. Wir gestalten die Mobilität von morgen. (Volkswagen AG, 2020)"

4. Vielfalt: „Wir sind bunt. Unterschiedlich. Einzigartig. Teil des Ganzen. Wir sind offen. Für andere Denkweisen. Für neue Erfahrungen und Lösungen. Wir begegnen uns mit Respekt. Auf Augenhöhe. (Volkswagen AG, 2020)"

5. Stolz: „Wir stehen für nachhaltige Produkte und Qualität. Wir leisten einen wichtigen Beitrag zum Unternehmenserfolg. Mit Leidenschaft. Aus Überzeugung. Wirkungsvoll. Wir sind stolz auf das, was wir tun und wie wir es tun. (Volkswagen AG, 2020)"

6. Zusammenhalt: „Wir arbeiten zusammen. Vorbehaltlos und unkompliziert. Weltweit. Wir sind Brückenbauer. Keine Schrankenwärter. Gemeinsam unschlagbar. Wir stehen füreinander ein. Wir sind ein Team. (Volkswagen AG, 2020)"

7. Zuverlässigkeit: „Auf uns kann man sich verlassen. Wir tun was wir sagen. Und sagen was wir tun. Aufrichtig. Ehrlich. Was wir versprechen, das halten wir. Wir gewinnen verlorenes Vertrauen zurück. (Volkswagen AG, 2020)"

5.3 Wertebruch

Mit dem Diesel-Abgasskandal haben Volkswagen und die Tochterunternehmen drei eigene Unternehmenswerte gebrochen. Vor allem die Werte Verantwortung, Stolz und Zuverlässigkeit (vgl. 5.2) stehen dem falschen Handeln von VW entgegen. Der Wert Verantwortung stützt sich auf die soziale Verantwortung und die Umweltverträglichkeit der Produkte. Dieser Wert spiegelt sich im Abgasskandal nicht wieder, da hier vorsätzlich ein Produkt geschaffen wurden ist bzw. eine Software, die die Abgaswerte verfälscht, wodurch mehr Abgase in die Umwelt gelangen, als angegeben. Zusätzlich sollen die verfälschten Abgase auch negative Auswirkungen auf Menschen haben.

Unter dem Wert „Stolz" versteht Volkswagen nachhaltige Produkte und Qualität. Auch hier liegt ein Wertebruch der Volkswagen AG und der Tochterunternehmen vor, da die Abgaswerte im Alltag schlechter ausfallen, als angegeben. Dadurch wir die Umwelt verstärkt geschädigt und auch die Qualität der Produkte ist nicht die, die vorgegeben wird.

Zuletzt ist auch der Wert „Zuverlässigkeit" umstritten. „Auf uns kann man sich verlassen. Wir tun was wir sagen. Und sagen was wir tun. Aufrichtig. Ehrlich. Was wir versprechen, das halten wir. Wir gewinnen verlorenes Vertrauen zurück. (Volkswagen AG, 2020)". Der Wert ist ebenfalls verletzt worden, denn auf die Automobil-Modelle von Volkswagen und den Tochterunternehmen ist kein Verlass gewesen. Zudem wurden die Kunden vorsätzlich getäuscht, weshalb die vorgegebene Aufrichtigkeit und Ehrlichkeit zu dem Zeitpunkt nicht zugetroffen hat. Zuletzt wird in dem Wert aber auch auf das verlorene Vertrauen eingegangen, welches unter anderem deutlich durch den Skandal beeinflusst wurde. Somit sendet Volkswage indirekt die Botschaft, dass eine derartige Täuschung nicht mehr stattfinden wird und die Qualität wieder im Vordergrund steht.

5.4 Konsequenzen

5.4.1 Interne Stakeholder

Durch das Handeln von Volkswagen kann es bei den internen Stakeholdern zu Identifikationsproblemen von Seiten der Angestellten kommen. Wenn sich die Mitarbeiter mit den Werten des Unternehmens sehr stark identifizieren und die Werte Ehrlichkeit, Zuverlässigkeit und Ethik eine große Rolle für den Mitarbeiter spielen, kann es auch bei einzelnen Mitarbeitern einen starken Wertebruch auslösen. Dieser Wertebruch kann sich in Demotivation, Krankheit oder verminderter Leistungsfähigkeit zeigen.

Zusätzlich kann es auch im privaten sozialen Leben der Angestellten dazu kommen, dass sie mit dem Thema konfrontiert werden. Vor allem in einem sehr Umweltbewussten und Nachhaltigen Umfeld kann es hier zu unangenehmen Situationen kommen, die die Mitarbeiter zusätzlich belasten.

Eine weitere Konsequenz, die aus dem Skandal hervortritt, kann die Führungsebene bzw. Managementebene von Volkswagen betreffen. Diese haben zwar den Skandal ausgelöst und zum Teil begünstigt, aber zum anderen sind sie auch dafür zuständig zu reagieren und den Skandal zu entschärfen. In diesem Fall gelten vor allem die Nachsorge und die Entwicklung innovativer Produkte, wie Elektromotoren. Die Rehabilitation kann sich hierbei über Monate und Jahr hinweg strecken. Dadurch lastet auch starker Druck auf der Managementebene, wodurch es zu Krankheiten und Kündigungen kommen kann.

5.4.2   Externe Stakeholder

Als externe Stakeholder sind vor allem die Kunden betroffen. Zum einen sind diese unwissentlich mit Motoren gefahren, die umweltschädlicher sind als angebenden und haben dadurch ihrer Umwelt und sich selbst geschadet. Zum anderen herrscht hier ein Vertrauensbruch, was dazu führen kann, dass keine Weiterempfehlung und kein Wiederkauf stattfinden.

Als zweiter externer Stakeholder sind die Lieferanten, sowie die Produktion betroffen. Die Lieferanten stehen im Verhältnis mit Volkswagen und können dadurch ebenfalls ein Imageschaden erleiden. Außerdem können die Aufträge von Volkswagen zunächst ausbleiben oder geringer ausfallen, da das Unternehmens selbst einsparen muss. Demnach können auch die Lieferanten finanzielle Probleme bekommen. Bei einer Produktänderung wie den Elektromotoren, wird anschließend die Produktion beeinflusst. Diese muss an die neuen innovativen Techniken angepasst werden.

6 Literaturverzeichnis

Baum, H.-G., Coenenberg, A., & Guenther, T. (2007). *Strategisches Controlling* (4. überarb. Aufl.). Stuttgart: Schäffer-Poeschel.

Dillerup, R., & Stoi, R. (2013). *Unternehmensführung*. München: Vahlen, Franz.

Doppler, K., & Lauterburg, C. (2014). *Change Management. Den Unternehmenswandel gestalten* (13. aktualisierte u. erweiterte Aufl., erw. Ausg.). Frankfurt am Main: Campus.

Handelsblatt. (20. 09 2015). *Volkswagen gibt massive Abgas-Manipulation zu*. Abgerufen am 20. 07 2020 von https://www.handelsblatt.com/unternehmen/industrie/milliardenstrafe-in-usa-droht-volkswagen-gibt-massive-abgas-manipulation-zu/12344114-all.html

Kaplan, R., Norton, D., & Horváth, P. (2001). *Die strategiefokussierte Organisation. Führen mit der balanced scorecard*. Stuttgart: Schäffer-Poeschel.

Kotter, J. (2015). *Leading Change: Wie Sie Ihr Unternehmen in acht Schritten erfolgreich machen*. München: Franz Vahlen.

Picot, A., Dietl, H., & Franck, E. (2012). *Organisation. Theorie und Praxis aus ökonomischer Sicht* (6. Aufl.). Stuttgart: Schäffer-Poeschel.

Reisinger, S., Gattringer, R., & Strehl, F. (2013). *Strategisches Management. Grundlagen für Studium und Praxis*. München: Pearson.

Schulte-Zurhausen, M. (2010). *Organisation* (5., überarb. und aktualisierte Aufl.). München: ahlen.

Stoll, & Sauer. (23. 07 2020). *Dr. Stoll & Sauer Rechtsanwaltsgesellschaft mbH*. Abgerufen am 23. 07 2020 von https://www.vw-schaden.de/aktuelles/neuer-skandal-vw-arteon-dieselgate-20-verwickelt-gerichte-bestaetigen-im-motor-ea-288

Vahs, D., & Weiand, A. (2010). *Workbook Change-Management. Methoden und Techniken* (1. Aufl.). Stuttgart: Schäffer-Poeschel.

Volkswagen AG. (2020). *Das Wertefundament des Konzerns*. Abgerufen am 20. 07 2020 von https://www.volkswagenag.com/de/group/volkswagen-group-essentials.html

7 Abbildungs- und Tabellenverzeichnis

7.1 Abbildungsverzeichnis

7.2 Tabellenverzeichnis